D0602296

¡Hola, América!

La Casa Blanca

por R.J. Bailey

Bullfrog Books

Ideas para padres y maestros

Bullfrog Books permite a los niños practicar la lectura de texto informacional desde el nivel principiante. Repeticiones, palabras conocidas y descripciones en las imágenes ayudan a los lectores principiantes.

Antes de leer

- Hablen acerca de las fotografías. ¿Qué representan para ellos?

- Consulten juntos el glosario de fotografías. Lean las palabras y hablen de ellas.

Lean en libro

- "Caminen" a través del libro y observen las fotografías. Deje que el niño haga preguntas. Señale las descripciones en las imágenes.

- Lea el libro al niño, o deje que él o ella lo lea independientemente.

Después de leer

- Inspire a que el niño piense más. Pregunte: ¿Alguna vez has visitado la Casa Blanca? ¿Estuviste en un tour guiado?

Bullfrog Books are published by Jump!
5357 Penn Avenue South
Minneapolis, MN 55419
www.jumplibrary.com

Library of Congress Cataloging-in-Publication Data

Names: Bailey, R.J., author.
Title: La Casa Blanca / por R.J. Bailey.
Other titles: White House. Spanish
Description: Minneapolis, Minnesota: Jump!, Inc. [2016] | Series: ¡Hola, América!
Includes index. Audience: Grades K to 3.
Identifiers: LCCN 2016016363 (print)
LCCN 2016016569 (ebook)
ISBN 9781620315064 (hardcover: alk. paper)
ISBN 9781620315217 (paperback)
ISBN 9781624964695 (ebook)
Subjects: LCSH: White House (Washington, D.C.)—Juvenile literature. | Washington (D.C.)—Buildings, structures, etc.—Juvenile literature.
Classification: LCC F204.W5 B3518 2016 (print)
LCC F204.W5 (ebook) | DDC 975.3—dc23
LC record available at https://lccn.loc.gov/2016016363

Editor: Kirsten Chang
Series Designer: Ellen Huber
Book Designer: Molly Ballanger
Photo Researcher: Kirsten Chang
Translator: RAM Translations

Photo Credits: Adobe Stock, cover; Alamy, 5, 7, 10–11, 23tr; Corbis, 8–9, 16–17, 17, 20–21, 23bl, 23tl; Getty, 3, 4, 6–7, 12–13, 14, 18, 19, 22, 23br; Shutterstock, 1, 15, 24.

Printed in the United States of America at Corporate Graphics in North Mankato, Minnesota.

Tabla de contenido

La casa del presidente

La Casa Blanca está en Washington, D.C.

¿Quién vive ahí?
El presidente.

Su familia, también.
¡Hasta sus mascotas!

El presidente
trabaja aquí.

¿Dónde?

En la Oficina Oval.

Se ubica en
la Ala Oeste.

La Casa Blanca
tiene 132 cuartos.

¡Asombroso!

El Salón del Este
es la más grande.

Es para los eventos
importantes.

El presidente
invita a los líderes
del mundo.

Se juntan en
el comedor.

Algunos cuartos
son para divertirse.

Un cuarto está designado
para películas.

Otro es para boliche.
¡Chuza!

La Casa Blanca tiene un jardín grande.

¡Mira! ¡Flores!

Es el Jardín de las Rosas.

El presidente da discursos aquí.

¿Qué es eso?

¡Un helicóptero!

Aterriza en el jardín.
El presidente sale.

19

¡Bienvenido a casa!

La Oficina Oval

bandera de los Estados Unidos

silla del presidente

escritorio del presidente

sello del presidente

Glosario con fotografías

Ala Oeste
La parte de la Casa Blanca donde se encuentran la Oficina Oval y otras oficinas.

Salón del Este
El salón más grande de la Casa Blanca; es para reuniones, cenas y conciertos.

Jardín de Rosas
Un jardín cerca de la Oficina Oval; el cual es usualmente usado para dar discursos.

Washington, D.C.
La capital de los Estados Unidos en el Distrito de Columbia.

Para aprender más

Aprender más es tan fácil como 1, 2, 3.

1) Visite www.factsurfer.com

2) Escriba "LaCasaBlanca" en la caja de búsqueda.

3) Haga clic en el botón "Surf" para obtener una lista de sitios web.

Con factsurfer.com, más información está a solo un clic de distancia.